Nalle

lilla

feng snut

Inspirerad av A. A. Milnes böcker om Nalle Puh. Illustrationer: E. H. Shepard

WINNIE-THE-POOH'S LITTLE BOOK OF FENG SHUI

Först utgiven i Storbritannien av Egmont Children's Books 1999

Denna bok bygger på bilder och texter från *Nalle Puh*,
Nalle Puhs hörna (översatt av Brita af Geijerstam), *Nu när vi är sex* och
När vi var mycket små (översatt av Britt G. Hallqvist)

Idé och text: Anna Ludlow
Formgivning: Karina Edginton-Vigus
Svensk text: Catharina Andersson

Tryckt i Kina 2004
ISBN 91-638-1774-8

www.bonniercarlsen.se

Hur det började

När jag berättade för Nalle Puh att jag höll på att skriva en bok om feng shui sa han: "O" och "Gör du?" och efter en lång stunds tystnad: "Fung vad?"

"Feng shui", sa jag. "Det är en mycket gammal vishetslära från Kina som handlar om hur man kan leva i harmoni med sin omgivning och naturens växlingar och rytm, hur man kan ta tillvara energiflödet i universum så att man lättare kan nå lycka och framgång."

"O", sa Puh, och han tänkte på hur underbart det skulle vara att ha en Riktig Hjärna som talade om saker för en om gamla rytmer och kinesiska framgångar. Sedan frågade han försynt: "Är jag med?"

Och när jag sa: "Javisst, leva i harmoni med naturen är vad björnar kan allra bäst", så sa Puh för sig själv: "En bok om mig. Vilken ära!"

Och Nasse som hela tiden stått bredvid och lyssnat, frågade om han också skulle vara med i boken.

"Ja, självklart", sa jag, "att sprida glädje till andra är just precis vad nassar kan allra bäst."

Men innan de andra i Sjumilaskogen också börjar fråga om de är med i boken är det bäst att vi sätter i gång.

Vad björnar kan bäst

Den gamla kinesiska vishetsläran feng shui
kan verka komplicerad till en början.

Till och med en aning abstrakt.

Kinesiska tecken är inte alltid så lätta att tyda.

Särskilt svårt är det för en björn med
Väldigt Liten Hjärna.

Feng shui handlar om det som björnar kan allra bäst,
nämligen att skapa balans genom att leva
i harmoni med naturen.

Det är enkelt att tillämpa feng shui, det kommer till en lika självklart som ett gnol.

Inte för att Puh egentligen kan något om detta eftersom Puh är en Björn Med Väldigt Liten Hjärna och långa ord gör honom lite nervös. Ska sanningen fram så vet *ingen* i hela Sjumilaskogen vad feng shui är. De bara visste en vacker dag, att det *fanns* där. De visste inte var det kom ifrån eller när det kom, det var bara där.

När feng shui kom till sjumilaskogen

Det var Kanin som sprang på det först. En dag hittade
han en papperslapp med orden feng shui och han
beslutade sig för att det hade att göra med vad
Christoffer Robin gjorde på tisdagar.
Kanin tänkte att om han bara kunde hitta Christoffer
Robin så kunde han nog tala om för Kanin
vem eller vad feng shui var.

Men eftersom det var tisdag och Christoffer Robin
redan gått ut gick Kanin till Uggla istället.

Ugglan, som var Vis, berättade för Kanin att feng shui uttalas "föng shväj". Och han såg Verkligen Väldigt Vis ut när han berättade för Kanin att det betyder "vind och vatten". Men Ugglan kunde inte ge någon exakt redogörelse för vad feng shui rör sig om, för Kanin stod hela tiden lutad över hans axel på ett otåligt sätt och gjorde honom nervös. Men han sa till Kanin att han trodde att feng shui fanns i Sjumilaskogen.

"Aha", sa Kanin, och satte av för att fråga Puh om han hade sett det.

"Puh", sa Kanin. "Har du någonsin sett någon
feng shui här i skogen på sistone?"
"Nej", sa Puh, "inte en ... nej", sa Puh.
"Jag såg Tiger alldeles nyss."
"Det var inte bra", sa Kanin. "Det har vi ingen nytta av."

"En feng shui?" tänkte Puh.
Och han undrade om det skulle komma ett gnol till
honom, ett som rimmar på shväj.

"Nasse, har du sett en feng shui i skogen?"
Det var Kanin som frågade.
"N-nej", sa Nasse. "Är det inte ett
sånt där Farligt djur?"
"Det är precis det jag försöker ta reda
på, Nasse", sa Kanin viktigt.

"De har ingen hjärna någon av dem",
suckade I-or för sig själv.
"Ska ingen fråga mig?" sa han till den
som behagade lyssna.
"Alltid sist tillfrågad", sa han bittert.

Men, kära läsare, medan Kanin är upptagen
med att leta efter feng shui kan jag berätta lite
om det som redan finns i Sjumilaskogen, till exempel
om hur chi – energins rörelse – flödar och hur
man uppnår balans mellan yin och yang, hur man
väljer ut ett bra ställe att bygga sitt hus på och
hur man lever i harmoni med naturen …

Chi – energins flöde

Chi är energins rörelse.
Chi kan flöda uppåt …

... eller nedåt.

Chi kan vara lyckobådande.

Eller olycksbådande.

När du sover med huvudet mot öst
gynnas det chiflöde som är bäst för att
du ska få sova lugnt om natten.

Speglar vid sängen stör chiflödet
och förstör nattsömnen och kan bidra
till att du känner dig rastlös.

Feng shui handlar om att få energikrafterna
i naturen att vara så fördelaktiga som
möjligt för dig och din omgivning.

Sheng chi är bra chi. Det skapas av energi som har ett ringlande flöde. Lugnt rinnande vatten skapar gott chi, och är särskilt gynnsamt när man leker Puhpinnar.

Forsande vatten är inte lyckosamt.

För mycket av det kan resultera i att du behöver räddas.

Shar chi är dålig chi.
Vassa, spetsiga saker som tistlar
skapar shar chi och bör undvikas.

"Tror du att honung kan skapa sheng chi?"
sa Puh till I-or.
"Honung flyter lugnt …" sa Puh tankfullt.
" … jag tror jag har något viktigt att göra. "
Och så gick han hem för att göra det.

"Och jag antar att vassa, stickiga tistlar ger shar chi", sa
I-or dystert och viftade med hoven mot en tistelhög han
sparat åt sig. "Ha!" sa han och lunkade iväg.

Det är inte konstigt att en björn gillar honung.
Surr, surr, surr! Nu förstår vi varför!

Yin och yang

Yin och yang är varandras motsatser.
Yang är aktiv.

Yin är passiv.

En bra balans mellan yin och yang är oumbärligt.
För mycket av yang kan orsaka olyckor …

... och förvirring ...

... till och med mardrömmar.

För mycket oväsen skapar överskott av yang
och kan störa grannarna.

Vorravorravorravorravorra.

"Vad sa du att det var?" frågade I-or.

"Tiger."

"Aha!" sa I-or.

"Han har nyss kommit", förklarade Nasse.

"Aha!" sa I-or igen. Han tänkte en bra stund och så sa
han: "När ska han gå?"

Yang är värme.
Yin är kyla.
För mycket av yin kan skapa …

… kroppslig passivitet …

… och en ansenlig anhopning av kyla …

… och en dyster sinnesstämning.

Vatten är bästa botemedlet mot för
mycket yangenergi. Vattnets lugnande
inverkan kan hjälpa till att skapa
bättre balans mellan yin och yang.

Men de som har mycket yin av naturen utvecklar
en livslång antipati mot vatten.

De kan inte ens uppskatta fördelarna.

De som har extremt mycket yin bör hålla sig
borta från vatten helt och hållet.

Att klä sig i rött hjälper mot
för mycket yinenergi.

Det är häpnadsväckande vad ett rött band
kan vända upp och ner på ett dåligt humör.

"Låt oss bygga ett hus!" sa Puh.

Om ditt hus står på en plats där luften är
unken, där marken är kall och sumpig,
och där vindarna är hårda och hotfulla
så har du inget lyckligt hem.
Enligt feng shui borde du flytta ditt hus till en
helt annan plats i skogen en gång för alla.

Ett välplacerat hus ger sina
invånare lycka och glädje.
Om det växer träd bakom huset,
ökar möjligheterna till lycka och framgång.
Kuperad mark och öppna landskap
framför huset medför tur.

"Vi ska bygga huset här, sa Puh, precis vid den här sko-
gen, i lä, för det var här jag kom att tänka på det."

Vissa i ens
bekanskapskrets är inte
nådiga att ge presenter.
Men gåvor som bygger
på feng shuis
principer skapar
oftast positiva
reaktioner.

"Här står det lika
fint som förut.
Faktum är att
den här platsen
är bättre."
"Mycket bättre",
sa Puh och Nasse
på samma gång.

Om ditt hus ligger på en grön och frodig plats i skogen kan chi omsluta huset och ge lycka och tur.

Platser i lä har utmärkt feng shui.

Men en stormig plats är *inte* välsignad
med välgörande feng shui.

Om du tycker om att få besök ska du möblera så att det skapas ett flöde av gott chi, så att dina vänner känner sig välkomna och väl till mods.

Om du inte vill ha besök kan det vara bra att veta
att alltför stökiga miljöer stör chi och gör så
att besökarna strax går sin väg.

Om besökaren inte fattar vinken kan du fylla ditt
hem med skräp tills nästa gång de knackar på.
Ett skräpigt hem skapar överskott av
yangenergi och gör att chi flödar åt fel håll.

Men gå inte för långt – om yangenergin tar
över brakar ditt hem ihop.

Välkomnande ingång

Ett välkomnande ljus utanför dörren
håller negativ chi på avstånd och får dina
vänner att vilja besöka dig …

... både dag och natt.

Ett stup utanför dörren ...

... är väldigt olycksbringande.

Dörrens storlek är viktig. Stora, breda
dörrar släpper in lycka.

Och trevliga besökare.

Små dörrar släpper in olyckor
och gäster som aldrig går,
trots att man artigt ber dem.

En klocksträng skapar ett positivt chiflöde.

Om den inte tillhör någon annan ...

... som känner sig vilse utan den.

I harmoni med naturen

Naturens element måste vara i balans för
att kunna åstadkomma positiv feng shui.
Om naturens element är i obalans kan det
komma fel sorts bin till skogen.
Och som Puh redan har upptäckt så
medför fel sorts bin fel sorts honung.
Och då är feng shui inte gynnsamt alls.

Naturen är ett kretslopp.
Tesslefotspår är också ett
sorts kretslopp.

Spretande grenar är olycksbådande.
Att stå under dem kan skapa ångest, det
kan till och med vara farligt för hälsan.

Kommer du från varmare trakter har du troligtvis
en livlig och ombytlig personlighet.

Men om du kommer från ett grått och fuktigt klimat så är du nog grå och fuktig själv till din natur – det är inget att göra åt det.

Du som är från varmare trakter kommer att märka
att de från de gråkalla trakterna inte alltid är så
förtjusta i din enorma entusiasm.

Undvik …

att utsätta dig …

för naturens krafter.

Särskilt du som redan vet att du inte tycker om dem.

Om du vill vara lycklig …

... ska du följa dina instinkter.

Delad glädje är dubbel glädje

Om du söker vänskap ska du ställa fram personliga
och känsloladdade föremål två och två.

En honungsburk är en ensam honungsburk.
Det är alltid sällskapligare med två.

Det var här hela tiden

"Kanin", sa Puh. "Det har hittats."
"Vad då?" sa Kanin.
"Fung… det där du letade efter", sa Puh.
"Var är det nu då?" sa Kanin.
"Hm, det verkar som om det har påträffats
överallt i skogen", sa Puh.
"Då kan det vara var som helst nu", sa Kanin.
"Det är bäst att vi berättar det för Christoffer Robin.
Kommer du, Puh?"

"Jag tror inte det", sa Puh. "Klockan är snart
sju och jag måste gå hem för att göra en sak eller två.
För jag har inte gjort dem än."
Så Puh gick hem för att göra dem.

Om *du* vill uppleva fördelarna med feng shui
och leva i harmoni med naturen så gör som
Puh: hitta dig en varm och solig plats
i en lugn skog.

Om du stannar tillräckligt länge på en
sådan fridfull plats kommer du att uppleva
lycka och glädje i ditt liv.

Denna varma soliga plätt

Denna varma, soliga plätt
tillhör björnen Puh.
Och han undrar här
"Vem är det där?"
Oj, han glömde ju:
Det är även Nasses plätt!

A. A. MILNE
A. A. Milne (1882-1956) skrev berättelserna
om Nalle Puh och hans vänner till sin son
Christopher Robin vars leksaker fick stå modell
för invånarna i sjumilaskogen.

E. H. SHEPARD
E. H. Shepard (1879-19976) kom att bli känd som
mannen som ritade Nalle Puh. Hans ömsinta
illustrationer av Puh och de andra djuren
i Sjumilaskogen bidrar i allra högsta grad till
berättelsernas enorma popularitet.